JN013294

施設管理者のための
建築物の簡易な劣化判定ハンドブック

令和5年版

第Ⅱ編　劣化判定シート

編集・発行　一般財団法人　建築保全センター

監　　修　国土交通省大臣官房官庁営繕部

目　　次

本書及び本編の構成

第Ⅰ編　劣化判定の進め方

□劣化判定の進め方
　劣化判定の事前の準備、判定作業の実施、結果の記録まで、一連の進め方について解説しています。
□劣化による建築物への支障とその対応の例
　雨漏り、落下、その他代表的な劣化による支障とその対応の例について解説しています。
□参考資料
　用語索引、関係法令を掲載しています。

第Ⅱ編　劣化判定シート

□劣化判定総括表
　記録様式として、劣化判定総括表と関係写真の記入要領・記入例を掲載しています。
□劣化判定シート
　支障の内容ごとに、建築物の各部・設備機器に生じる代表的な劣化状況について、判定の目安となる写真と対応例を掲載しています。

第Ⅲ編　各部の名称

□各部の名称
　建築物の各部分の名称について、部材や仕上げ材料、設備機器ごとに、代表的な写真とともに簡潔に説明しています。
　設備システム（電気設備・機械設備）についても、システムの概念図を掲載して説明しています。

1. 劣化判定総括表

【劣化判定総括表】記入要領

施設名称	対象とした施設名称を、財産台帳又は施設台帳に基づき具体的に記入します。ひとつの施設に複数の棟がある場合には、この表は棟ごとに分けるようにします。
実施日	実施した年月日を記入します。すべてを同じ日に行う必要はありません。その際は、最終の年月日を記入します。
担当者	実施した担当者の所属・役職と氏名を記入します。複数の担当者で実施した場合には、責任者を記入します。
状況	劣化状況等を簡潔に記入します。また、他の法定点検等による判定結果等がわかる場合には、その内容を簡潔に記入します。
対象※	判定の対象とする項目にはチェックマーク「レ」を入れます。項目が対象建築物では該当しない場合には「－」を入れます。未定の場合には「□」のままとしておきます。
判定※	判定の結果を、 A（すべて支障なし）＝判定箇所すべてについて「支障なし」 B（経過観察箇所あり）＝1箇所でも「経過観察」あり C（要相談箇所あり）＝1箇所でも「要相談」あり D（即対応箇所あり）＝1箇所でも「即対応」あり の4段階で記入します。判定が終わっていない場合は「未」を、その項目が対象建築物では該当しない場合には「－」を記入します。
支障の内容	劣化によって生じると考えられる支障の内容を、具体的に記入します。

※この項目は word ファイル上では、プルダウンメニューで選択可能です。

【関係写真】記入要領

区分	建築または設備を選択します。 1. 雨漏り・浸水のおそれ〜12. 点検・清掃等に支障のおそれを選択します。
対象項目	対象項目欄の該当項目を記入します。
写真	状況、措置等の分かる写真を添付します。
状況、措置等	劣化の状況、応急対応を行った場合はその状況等を簡潔に記入します。

【劣化判定総括表】記入例（赤字）

施設名称　市庁舎１号館　　　　　　　　実施日　2023 年 10 月 15 日

担当者（所属、氏名）　　総務部総務課庶務係　　保全　良子

区分	対象項目	状況	対象	判定	支障の内容等
1. 雨漏り・浸水のおそれ	（1）屋上・屋根	上階が屋上である４階事務室天井に漏水痕あり。	✓	C	現在のところ、漏水による直接の支障はないが、大雨の際には注意が必要。
	（2）外壁		✓	A	
	（3）外部建具（窓等）		☐		
	（4）外構		☐		
2. 落下等のおそれ	（1）外壁、庇	建築基準法 12 条点検で要是正の指摘あり（西側外壁タイルの浮きあり）。	✓	C	タイル落下のおそれがあり、下部は通路となっているため、通行人の負傷等のおそれがある。
	（2）外部付属物		―		
	（3）天井、懸垂物	建築基準法 12 条点検で不具合報告なし	✓	A	
	（4）塀		☐		
	（5）擁壁、門扉		☐		
3. 通行等に支障のおそれ	（1）内部床、屋内階段		☐		
	（2）扉		☐		
	（3）敷地内通路、駐車場		☐		
	（4）手すり		☐		
	（5）内壁、幅木		☐		
4.. 案内誘導等に支障のおそれ	（1）案内表示		☐		
	（2）視覚障害者誘導用ブロック等		☐		
	（3）インターホン、トイレ等呼出装置	1 階多機能便所の呼出ボタンから呼出ができない。	✓	C	利用者の緊急呼出に対応できない。

3

区分	対象項目	状況	対象	判定	支障の内容等
5. 非常時の避難等に支障のおそれ	（1）防火扉、防火シャッター	4階廊下の防火扉前に物品等の放置あり。	✓	D	防火扉が閉鎖しない。
	（2）防煙垂れ壁		☐		
	（3）避難通路・避難出口、非常用進入口		☐		
	（4）自動火災報知設備、屋内消火栓・屋外消火栓・連結送水口		☐		
	（5）非常用照明、誘導灯		☐		
	（6）排煙口・排煙窓、排煙機		☐		
6. 停電・感電のおそれ	（1）受変電設備、太陽光発電装置		☐		
	（2）分電盤、コンセント		☐		
	（3）照明器具（屋内、屋外）		☐		
	（4）外灯、構内配電線路		☐		
	（5）自家発電装置、直流電源装置		☐		
7. 室内環境に支障のおそれ	（1）熱源機器、空気調和設備、ダクト	1階機械室の空気調和設備の空調機に腐食（錆）あり。	✓	B	空調の効きに不良がある。
	（2）換気設備		☐		
8. 衛生環境に支障のおそれ	（1）給排水設備、給排水配管		☐		
	（2）衛生器具、ガス湯沸器	3階男子便所の自動水栓に作動不良あり。	✓	C	水栓が使用不能。

区分	対象項目	状況	対象	判定	支障の内容等
9. 業務実施等に支障のおそれ	（1）拡声装置、テレビ共同受信設備		□		
	（2）端子盤、監視カメラ		□		
10. 誤作動による事故のおそれ	（1）エレベーター、エスカレーター		□		
	（2）小荷物専用昇降機		□		
11. 耐震性・耐久性に支障のおそれ	（1）構造部材（木造）		□		
	（2）構造部材（鉄骨造）		□		
	（3）構造部材（鉄筋コンクリート造）		□		
12. 点検・清掃等に支障のおそれ	丸環、タラップ		✓	未	屋上へ上がることが危険なので、専門業者に依頼予定。

対象欄凡例　✓：判定の対象、−：判定の対象外、□：未定
判定欄凡例　A：支障なし、B：経過観察、C：要相談、D：即対応、未：未判定、−：該当箇所なし
　（青字は建築基準法第 12 条又は官公法第 12 条に基づく法定点検の結果で判断できる項目を示します。）

施設名称　市庁舎１号館　　　　　　　　　　実施日　2023 年 10 月 15 日

担当者（所属、氏名）　総務部総務課庶務係　　保全　良子

区分	建築	1. 雨漏り・浸水のおそれ	項目又は箇所	天井

【写真】	【状況、措置等】
![天井の漏水痕写真]	判定：C（要相談） 上階が屋上である４階事務室天井に漏水痕あり。 専門業者に屋上の調査依頼予定。

区分	建築	2. 落下等のおそれ	項目又は箇所	外壁

【写真】	【状況、措置等】
![外壁タイルの写真]	判定：C（要相談） 建築基準法 12 条点検で要是正の指摘あり（西側外壁タイルの浮きあり）。 当該箇所の下部にはカラーコーンを置き、立入禁止措置済み。 来年度、外壁全面の調査費を予算要求予定。

区分	設備	4. 案内誘導等に支障のおそれ	項目又は箇所	多機能便所

【写真】	【状況、措置等】
	判定：C（要相談） １階多機能便所の呼出ボタンから呼出ができない。 専門業者に補修を依頼し、対応したが、今後も点検時に注意する。

6

区分	建築	5．非常時の避難等に支障のおそれ		項目又は箇所	防火扉

【写真】	【状況、措置等】
	判定：D（即対応） ４階廊下の防火扉前に物品等の放置あり。 関係部署に物品等の撤去・移動を依頼し、物品等の放置を禁ずる掲示を関係各所に実施するとともに、庁内に文書で周知。

区分	設備	7．室内環境に支障のおそれ		項目又は箇所	空調設備

【写真】	【状況、措置等】
	判定：B（経過観察） １階機械室の空気調和設備の空調機に腐食（錆）あり。 各機器に同様の劣化現象が生じていることと、空調の効きがやや不良の報告もあること、設置されてから30年を超えていることから、機器の更新の検討が必要と考える。

区分	設備	8．衛生環境に支障のおそれ		項目又は箇所	便所の洗面器の水栓

【写真】	【状況、措置等】
	判定：C（要相談） ３階男子便所の自動水栓に作動不良あり。 水道業者に修繕を依頼中。 水栓には使用禁止を掲示。

これらの様式は、一般財団法人建築保全センターのホームページからダウンロードすることができます（word 形式及び PDF 形式、A5 版及び A4 版）。
https://www.bmmc.or.jp/gyoumu5/gyoumu5-2/index.html
ホーム＞発行図書＞発行図書関係電子データ一覧
パスワード　BMMCR5kkrhhb

2. 劣化判定シート
2.1　劣化判定シートについて

　劣化判定シートは、一般的な建物に見られる部材のうち、目に触れることが多いものと建物の機能を維持するうえで重要なものについて、掲載しています。通常人の出ない屋上に立ち入ったり、壁や天井の点検口を開けての点検は危険のない範囲で行ってください。危険と感じる場合には、専門家に依頼してください。

　劣化判定シートに掲載している劣化状況の写真は、代表的と思われるものとしています。写真は、国土交通省大臣官房官庁営繕部のホームページで提供されている次のパンフレット、ガイドブックも参考とし、一部の写真を引用しています。

パンフレット：支障がない状態の確認（引用している写真：※1）
https://www.mlit.go.jp/gobuild/gobuild_tk3_000042.html

官庁施設の施設管理者のための防災性能確保ガイドブック
（引用している図版・写真：※2）
https://www.mlit.go.jp/gobuild/gobuild_tk3_000008.html

　以上の他、国土交通省大臣官房官庁営繕部より提供していただいた写真も一部に掲載しており、それは※3と表示しています。

2.2 劣化状況の判定

判定は次の4段階で行います。写真を参考に判定してください。

各部個別の劣化判定	
判定	状況
支障なし	劣化はない、あるいは経年変化はありますが、建築物の利用にあたって支障はありません。現状維持としてください。
経過観察	劣化は認められますが、建築物の利用にあたって支障はありません。劣化の進行に対して経過を観察してください。
要相談	劣化が認められ、建築物の利用にあたって支障が生じる、あるいは生じるおそれがあります。したがって、支障を取り除く何らかの措置が必要です。判断に悩むときは、専門家に相談してください。また、措置については、状況に応じて専門業者に連絡してください。
要相談（即対応）	上記の状態であり、速やかな対応が必要ですので、直ちに専門業者に連絡してください。
即対応	建物の使用上の不備により、通常時又は非常時に本来の機能が発揮できないおそれがあります。 したがって、支障を取り除く対応が直ちに必要です。

注意！

　本書で示している写真等は、判定の目安を示したものです。対応の必要性などについては、本書を参考に、施設管理者において各施設の特性に応じた判断をお願いいたします。

　劣化事例が経過観察に該当する場合であっても、同じ場所に多数の劣化が見られる場合（壁面に多数のき裂があるなど）や劣化の状況が激しいと思われる場合（部分的な錆ではあるが、錆が内部まで深く及んでいるなど）は、「要相談」と判定してください。

2.3　劣化判定の項目
　本書に掲載している項目は次のとおりです。

★★：建築物の機能や性能にとって、特に重要な項目
★　：建築物の機能や性能にとって、重要な項目
※　：建築基準法第 12 条に基づく点検・調査の対象となっている項目に○（但し、対象となっている項目を網羅しているわけではありません。）

対象項目		建築基準法対象※
1．雨漏り・浸水のおそれ		
（1）屋上・屋根	★★屋上防水層（露出防水）	
	★★屋上防水層（保護防水）	
	★★屋根（金属板葺）	
	排水溝	
	★ルーフドレン	
	とい	
	笠木（モルタル、コンクリート、金属製）	
（2）外壁	★★外壁（コンクリート打放し仕上げ）	
	★★外壁（タイル張り仕上げ）	
	★★外壁（シーリング）	
	★★外壁（塗り材仕上げ）	
	★★外壁（モルタル、塗り材仕上げ）	
	★★外壁（ALC 板塗り材仕上げ）	
（3）外部建具（窓等）	★★外部建具（アルミ製）	
	★★外部建具（スチール製）	
	★★外部建具（ガラスブロック）	
（4）外構	屋外排水溝	○

対象項目		建築基準法対象※
2. 落下等のおそれ		
（1）外壁、庇	★★外壁（タイル張り仕上げ）	○
	★★外壁（モルタル仕上げ）	○
	★★庇	○
（2）外部付属物	広告板	○
	広告塔	○
	煙突	○
（3）天井、懸垂物	★★天井	○
	★★天井点検口	
	★★懸垂物等	○
（4）塀	★★塀（補強コンクリートブロック（CB）造）	○
	塀（鉄筋コンクリート造）	○
	ネットフェンス	
（5）擁壁、門扉	擁壁	○
	門扉	○
3. 通行等に支障のおそれ		
（1）内部床、屋内階段	★床仕上材（ビニル床シート）	
	★床仕上材（ビニル床タイル）	
	★床仕上材（タイル張り）	
	★床仕上材（タイルカーペット）	
	★二重床	
	★階段滑り止め	○
（2）扉	★扉	
	★自動扉	
（3）敷地内通路、駐車場	通路	
	スロープ	
	駐車場	
（4）手すり	★屋内階段	○
	★屋外階段	○
	★屋上、ベランダ・バルコニー	
（5）内壁、幅木	内壁（ボード）	
	内壁（タイル、モルタル）	
	幅木	

対象項目		建築基準法対象※
4. 案内誘導等に支障のおそれ		
（1）案内表示	案内表示	
（2）視覚障害者誘導用ブロック等	★外部通路	
	★内部床、屋内階段	
	★点字表示	
（3）インターホン、トイレ等呼出装置	インターホン	
	★★トイレ等呼出装置	
5. 非常時の避難等に支障のおそれ		
（1）防火扉、防火シャッター	★★防火扉	○
	★★防火シャッター	○
（2）防煙垂れ壁	★★防煙垂れ壁（固定式）	○
	★★防煙垂れ壁（可動式）	○
（3）避難通路・避難出口、非常用進入口	★★避難通路・避難出口	○
	★★非常用進入口	○
（4）自動火災報知設備、屋内消火栓・屋外消火栓・連結送水口	★★自動火災報知設備（自火報）	○
	★★屋内消火栓・屋外消火栓・連結送水口	○
（5）非常用照明、誘導灯	★★非常用照明	○
	★★避難口誘導灯、通路誘導灯	○
（6）排煙口・排煙窓、排煙機	★★排煙口・排煙窓（自然排煙）	○
	★★排煙機（機械排煙）	○
6. 停電・感電のおそれ		
（1）受変電設備、太陽光発電装置	★★受変電設備	
	太陽光発電装置	
（2）分電盤、コンセント	分電盤	
	コンセント	
（3）照明器具（屋内、屋外）	★照明器具（屋内）	
	照明器具（屋外）	
（4）外灯、構内配電線路	外灯	
	構内配電線路	
（5）自家発電装置、直流電源装置	★★自家発電装置	○
	直流電源装置（蓄電池）	○

対象項目		建築基準法対象※
7. 室内環境に支障のおそれ		
（1）熱源機器、空気調和設備、ダクト	★★熱源機器（冷凍機、冷却塔、ボイラー等）	
	★★空気調和設備（空調機）	
	★★空気調和設備（屋外機、ファンコイルユニット）	
	ダクト	
（2）換気設備	★★換気設備（送風機）	○
	★★換気設備（換気扇等）	○
8. 衛生環境に支障のおそれ		
（1）給排水設備、給排水配管	★★給排水設備	○
	★★給排水配管	○
（2）衛生器具、ガス湯沸器	★衛生器具	○
	★★ガス湯沸器	○
9. 業務実施等に支障のおそれ		
（1）拡声装置、テレビ共同受信設備	拡声装置（スピーカー）	
	テレビ共同受信設備（アンテナ）	
（2）端子盤、監視カメラ	端子盤	
	監視カメラ	
10. 誤作動による事故のおそれ		
（1）エレベーター、エスカレーター	★★エレベーター	○
	★★エスカレーター	○
（2）小荷物専用昇降機	★★小荷物専用昇降機	○
11. 耐震性・耐久性に支障のおそれ		
（1）構造部材（木造）	★★基礎・土台	○
	★★柱、緊結金物	○
	★★梁、緊結金物	○
（2）構造部材（鉄骨造）	★★基礎	○
	★★柱、梁、耐火被覆	○
	★★接合部	○
（3）構造部材（鉄筋コンクリート造）	★★基礎	○
	★★柱、梁	○
	★★壁、床	○
12. 点検・清掃等に支障のおそれ		
丸環、タラップ	丸環	
	タラップ	

2.4 支障と対応例について

支障については、劣化から想定される代表的な支障の例を掲載しています。

対応例については、劣化及び支障に対して想定できる対応の例を掲載しています。対応例における用語は、次のような意味で用いています。

用語	意味
補修	建築物の機能・性能を実用上支障のない状態（許容できる性能レベル）まで回復させること。
修繕	建築物の機能・性能を当初の性能水準まで回復させること。
改修	劣化した建築物の機能・性能を当初の性能水準以上に改善すること。

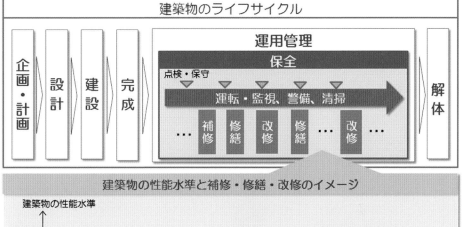

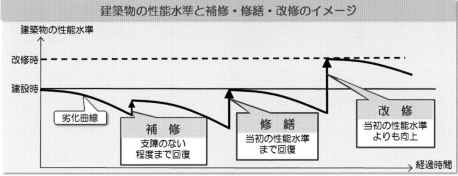

出典：国土交通省ホームページ（官庁施設の保全）
https://www.mlit.go.jp/gobuild/gobuild_tk6_000046.html

14

2.5 凡例及び注意事項

注意！
　本書で示している写真等は、判定の目安を示したものです。対応の必要性などについては、本書を参考に、施設管理者において各施設の特性に応じた判断をお願いいたします。

注意！
　劣化事例が経過観察に該当する場合であっても、同じ場所に多数の劣化が見られる場合（壁面に多数のき裂があるなど）や劣化の状況が激しいと思われる場合（部分的な錆ではあるが、錆が内部まで深く及んでいるなど）は、「要相談」と判定してください。

劣化判定シート
5．非常時の避難等に支障のおそれ
（4）自動火災報知設備、屋内消火栓・屋外消火栓・連結送水口

★★	判定	支障なし	経過観察
	作動状況	点灯不良、作動不良等はない	
自動火災報知設備（自火報）	劣化状況	劣化状況なし	外板の腐食（錆）
	注意事項		

★★：建築物の機能や性能にとって、特に重要な項目
★　：建築物の機能や性能にとって、重要な項目　　　（p10 参照）

「要相談」の状態で速やかな対応が必要と判断される場合※に、「要相談（即対応）」としています。その際には、直ちに専門業者に連絡してください。
※　トイレ等呼出装置が作動しない＝人命への影響。
　　受変電設備に異音、異臭がある＝停電のおそれ。
　　コンセントに損傷がある＝停電、感電のおそれ。
　　ガス湯沸器からガス臭がある＝火災・爆発のおそれ。
　　エレベーター・エスカレーターに異音、誤作動がある
　　　　　　＝人身事故のおそれ。　　　　　　　　　（p9 参照）

「要相談」は、主として、劣化による支障で専門業者に連絡して対応することがよい場合としています。（p9 参照）

「即対応」は、主として、使用上の不備による支障で施設管理者が自ら対応することがよい場合としています。（p9 参照）

劣化判定シート
5．非常時の避難等に支障のおそれ
（4）自動火災報知設備、屋内消火栓・屋外消火栓・連結送水口

要相談	即対応	支障と対応例	
点灯不良、作動不良等がある	障害物による自火報の操作困難	火災発生通報の遅れによる火災拡大	
表示灯の点灯不良			
		応急	表示灯の電球交換 障害物の撤去
		短期	腐食（錆）等の補修
		中長期	設備の更新等の修繕・改修

注意！
　本書で示している対応例は、「要相談」「即対応」に加え「経過観察」の状況も含めて、代表的な対応の例を示したものです。実際の具体的な対応については、本書を参考に、施設管理者において各施設の特性に応じた判断をお願いいたします。また、設備機器に関する対応については、関連事業者（電力会社、ガス会社、水道事業者等）や専門業者に連絡して相談してください。

劣化判定シート
1. 雨漏り・浸水のおそれ
（1）屋上、屋根［屋上防水層、屋根］

判定		支障なし	経過観察
★★ 屋上防水層 （露出防水）	劣化状況	劣化状況なし 	防水層のき裂
	注意事項		
★★ 屋上防水層 （保護防水）	劣化状況	劣化状況なし ※3	防水保護層のき裂 ※3
	注意事項		
★★ 屋根 （金属板葺）	劣化状況	劣化状況なし 	金属板の腐食（錆） ※3
	注意事項	折板葺き屋根	

17

劣化判定シート
1．雨漏り・浸水のおそれ
（1）屋上、屋根［屋上防水層、屋根］

経過観察	要相談	支障と対応例	
防水層の損傷	防水層のはく離	室内への雨漏りによる内装材の劣化等	
		応急	—
		短期	はく離等箇所の補修
		中長期	防水層の修繕、改修
防水保護層目地の損傷	防水保護層のはく離	室内への雨漏りによる内装材の劣化等	
		応急	—
		短期	はく離等箇所の補修
		中長期	新規防水層の施工等による改修
金属板の変形	金属板の損傷	室内への雨漏りによる内装材の劣化等	
※3		応急	—
		短期	腐食（錆）、損傷等箇所の補修
		中長期	葺替、塗替等による修繕、改修

18

劣化判定シート
1．雨漏り・浸水のおそれ
（1）屋上、屋根 ［排水溝、ルーフドレン、とい］

判定		支障なし	経過観察
排水溝	劣化状況	劣化状況なし 	排水溝周囲モルタルのき裂
	注意事項		
★ ルーフドレン	劣化状況	劣化状況なし 	ルーフドレンの腐食（錆）
	注意事項		
とい	劣化状況	劣化状況なし 	といのつまり
	注意事項		

劣化判定シート
1．雨漏り・浸水のおそれ
（1）屋上、屋根［排水溝、ルーフドレン、とい］

経過観察	要相談	要相談	支障と対応例	
排水溝の清掃不良	排水溝のき裂		室内への雨漏りによる 内装材の劣化等	
			応急	排水溝の清掃
			短期	き裂等の補修
	き裂に伴う白華も 見られる。		中長期	屋上防水層の修繕・改修とあわせた修繕・改修
ルーフドレンの損傷	ルーフドレンの排水不良		室内への雨漏りによる 内装材の劣化等	
			応急	ルーフドレンの清掃
			短期	ルーフドレンの取替
			中長期	
といの腐食（錆）	といの損傷		室内・外壁への雨漏りによる 内外装材の劣化等	
			応急	といの清掃
			短期	損傷、腐食（錆）等の補修
			中長期	といの取替

劣化判定シート 1．雨漏り・浸水のおそれ （1）屋上、屋根 ［笠木］			
判定		支障なし	経過観察
笠木 （モルタル）	劣化状況	劣化状況なし ※1	モルタルのき裂
	注意事項		
笠木 （コンクリート）	劣化状況	劣化状況なし 	コンクリートのき裂
	注意事項		
笠木 （金属製）	劣化状況	劣化状況なし 	笠木の腐食（錆）
	注意事項		

劣化判定シート
1. 雨漏り・浸水のおそれ
（1）屋上、屋根［笠木］

経過観察	要相談	要相談	支障と対応例	
モルタルのき裂、損傷		笠木のはく落	室内への雨漏りによる内装材の劣化等	
		※1	応急	下部通行禁止
			短期	損傷、はく落等箇所の補修
		外部への落下のおそれもあり	中長期	屋上防水層の修繕・改修とあわせた修繕・改修
コンクリートのき裂・はく離		コンクリートのはく離	室内への雨漏りによる内装材の劣化等	
			応急	下部通行禁止
			短期	き裂、はく離等箇所の補修
		外部への落下のおそれもあり	中長期	屋上防水層の修繕・改修とあわせた修繕・改修
接合部シーリングのき裂		笠木端部の損傷	室内への雨漏りによる内装材の劣化等	
			応急	下部通行禁止
			短期	き裂、損傷等箇所の補修
		外部への落下のおそれもあり	中長期	笠木のみの取替屋上防水層の修繕・改修とあわせた修繕・改修

劣化判定シート 1．雨漏り・浸水のおそれ （2）外壁［各種仕上げ、シーリング］			
判定		支障なし	経過観察
★★ 外壁 （コンクリート 打放し仕上げ）	劣化状況	劣化状況なし 	コンクリートのき裂
	注意事項		
★★ 外壁 （タイル張り 仕上げ）	劣化状況	劣化状況なし ※1	タイルのき裂
	注意事項		
★★ 外壁 （シーリング）	劣化状況	劣化状況なし 	シーリングの硬化・き裂
	注意事項		

劣化判定シート １．雨漏り・浸水のおそれ （２）外壁 ［各種仕上げ、シーリング］				
経過観察	要相談	支障と対応例		
内部鉄筋の腐食による錆汁	コンクリートのはく落	室内への雨漏りによる 内装材の劣化等		
	 ※3		応急	下部通行禁止
			短期	落下防止ネットの設置、き裂・はく落等箇所の補修
	落下等のおそれもあり		中長期	コンクリート及び腐食鉄筋の修繕、改修
タイルの白華*	タイルのはく落	室内への雨漏りによる 内装材の劣化等		
	 ※1		応急	下部通行禁止
			短期	落下防止ネットの設置、き裂・はく落等箇所の補修
	落下等のおそれもあり		中長期	タイル張替等の修繕、改修
シーリングのはく離	シーリングの破断	室内への雨漏りによる 内装材の劣化等		
	 ※1		応急	－
			短期	はく離、破断等箇所の補修
			中長期	シーリングの打替

*白華：コンクリートからき裂を通じて表面に析出した白色の物質。エフロレッセンスともいう。

劣化判定シート
1．雨漏り・浸水のおそれ
（2）外壁［各種仕上げ］

判定		支障なし	経過観察
★★ 外壁 （塗り材仕上げ）	劣化状況	劣化状況なし 	塗り材のチョーキング*
	注意事項		
★★ 外壁 （モルタル、塗り材仕上げ）	劣化状況	劣化状況なし 	モルタルのき裂
	注意事項		
★★ 外壁 （ALC板塗り材仕上げ）	劣化状況	劣化状況なし ※3	塗り材のはく離
	注意事項		

*チョーキング：塗り材の劣化により、表面の光沢がなくなり、色があせて手で触れると粉が手につく状況。白亜化ともいう。

劣化判定シート		
1. 雨漏り・浸水のおそれ		
（2）外壁［各種仕上げ］		
経過観察	要相談	支障と対応例	
塗り材のはく離	**塗り材のはく落**	室内への雨漏りによる内装材の劣化等	
		応急	—
		短期	はく落等箇所の補修
		中長期	塗替
内部鉄筋の腐食による錆汁	**モルタルのはく離**	室内への雨漏りによる内装材の劣化等	
	※3	応急	下部通行禁止
		短期	落下防止ネットの設置、き裂・はく離等箇所の補修
	落下等のおそれもあり	中長期	モルタル、塗り材の塗替
シーリングのき裂	**ALC板のき裂、はく離**	室内への雨漏りによる内装材の劣化等	
		応急	下部通行禁止
		短期	落下防止ネットの設置、き裂・はく離等箇所の補修
	落下等のおそれもあり	中長期	ALC板の修繕・改修、塗り材の塗替

劣化判定シート 1．雨漏り・浸水のおそれ（3）外部建具（窓等）［各種建具］			
★★	判定	支障なし	経過観察
外部建具（アルミ製）	作動状況	開閉不良はない	
	劣化状況	劣化状況なし	窓ガラスシール材の損傷
		※1	
	注意事項		
★★	判定	支障なし	経過観察
外部建具（スチール製）	作動状況	開閉不良はない	
	劣化状況	劣化状況なし	枠の腐食（錆）
	注意事項		

劣化判定シート
1．雨漏り・浸水のおそれ
（3）外部建具（窓等）［各種建具］

要相談	要相談	支障と対応例	
	開閉不良がある	室内への雨漏りによる	
ガラスのき裂	建具の変形・損傷	内装材の劣化等	
	※1	応急	ガラスのテーピング 下部通行禁止
		短期	変形、損傷等箇所の補修
	落下等のおそれもあり	中長期	建具の取替
経過観察	要相談	支障と対応例	
	開閉不良がある	室内への雨漏りによる	
枠の腐食（錆）	枠の腐食	内装材の劣化等	
		応急	－
		短期	腐食（錆）等箇所の補修
		中長期	建具の取替

劣化判定シート 1．雨漏り・浸水のおそれ （3）外部建具（窓等）［ガラスブロック］ （4）外構［屋外排水溝］				
★★	判定	支障なし		経過観察
外部建具 （ガラスブロック）		劣化状況なし		目地のき裂
	劣化状況			
	注意事項			
屋外排水溝	判定	支障なし		経過観察
		劣化状況なし		排水溝周辺の沈下
	劣化状況			
	注意事項			

劣化判定シート 1．雨漏り・浸水のおそれ （3）外部建具（窓等）［ガラスブロック］ （4）外構［屋外排水溝］				
要相談	要相談	支障と対応例		
ガラスブロックのき裂	ガラスブロックの損傷	室内への雨漏りによる 内装材の劣化等		
		応急	ガラスブロックのテーピング	
		短期	損傷等箇所の補修	
		中長期	ガラスブロックの取替	
要相談	要相談	支障と対応例		
排水溝のつまり	集水ますの損傷・つまり	排水不良による室内への浸水		
	※1	応急	排水溝の清掃	
		短期		
		中長期	排水溝・ますの修繕、改修	

劣化判定シート
2．落下等のおそれ
（1）外壁、庇［各種仕上げ、庇］

判定		支障なし	経過観察
★★ 外壁 （タイル張り 仕上げ）	劣化状況	劣化状況なし 	タイルのき裂・白華
	注意事項		
★★ 外壁 （モルタル仕上げ）	劣化状況	劣化状況なし 	モルタルのき裂
	注意事項		
★★ 庇	劣化状況	劣化状況なし ※1	軒天井の塗装のはく離
	注意事項		

劣化判定シート
2．落下等のおそれ
（1）外壁、庇［各種仕上げ、庇］

経過観察	要相談	支障と対応例	
タイルの浮き	タイルのはく落	タイルの落下による 下部通行人の死傷等	
		応急	下部通行禁止
		短期	落下防止ネットの設置 浮き、はく落等箇所の補修
下地からはく離している場合は要相談	雨漏り・浸水のおそれもあり	中長期	タイル張替等の修繕、改修
モルタルのき裂	モルタルのはく離	モルタルの落下による 下部通行人の死傷等	
	※2	応急	下部通行禁止
		短期	落下防止ネットの設置 き裂、はく離等箇所の補修
内部鉄筋の腐食による錆汁	雨漏り・浸水のおそれもあり	中長期	モルタルの塗替
庇裏の腐食（錆）	軒天井のモルタルはく落	仕上材の落下による 下部通行人の死傷等	
	※2	応急	下部通行禁止
		短期	落下防止ネットの設置 腐食（錆）、はく落等箇所の補修
		中長期	モルタル塗替等の修繕、改修

劣化判定シート 2. 落下等のおそれ （2）外部付属物〔広告板、広告塔、煙突〕			
判定		支障なし	経過観察
広告板	劣化状況	劣化状況なし 	広告板の変色
	注意事項		
広告塔	劣化状況	劣化状況なし 	塗装のはく離
	注意事項		
煙突	劣化状況	劣化状況なし 	煙突のき裂
	注意事項		

劣化判定シート
2．落下等のおそれ
（2）外部付属物［広告板、広告塔、煙突］

経過観察	要相談	支障と対応例	
広告板パネルの腐食（錆）	広告板パネルの脱落	広告板の落下による 下部通行人の死傷等	
	※2	応急	下部通行禁止
		短期	広告板の撤去 腐食（錆）等箇所 の補修
	表示の劣化にも注意	中長期	広告板の撤去・新設
基礎のき裂	広告塔の腐食	広告塔の転倒による 下部通行人の死傷等	
		応急	周囲通行禁止
		短期	広告塔の撤去 き裂、腐食等箇所 の補修
	表示の劣化にも注意	中長期	広告塔の撤去・新設
煙突の錆汁	煙突（天板）の損傷	煙突仕上材の落下による 下部通行人の死傷等	
	※1	応急	周囲通行禁止
		短期	き裂、損傷等箇所 の補修
		中長期	煙突の修繕、改修

34

劣化判定シート
2. 落下等のおそれ
（3）天井、懸垂物［天井、天井点検口、懸垂物等］

判定		支障なし	経過観察
★★ 天井	劣化状況	劣化状況なし 	天井ボードの浮き
	注意事項		
★★ 天井点検口	劣化状況	劣化状況なし ※1	天井点検口のずれ
	注意事項		
★★ 懸垂物等	劣化状況	劣化状況なし 	照明器具の傾斜
	注意事項		

劣化判定シート
２．落下等のおそれ
（３）天井、懸垂物〔天井、天井点検口、懸垂物等〕

経過観察	要相談	支障と対応例	
天井の漏水痕	天井ボードの脱落	天井材の落下による 下部通行人の死傷等	
	※1	応急	下部通行禁止 落下防止の固定
		短期	浮き等の補修
	漏水が原因で脱落した 可能性あり	中長期	天井材の張替等 の修繕、改修
天井点検口のずれ	天井点検口の脱落	天井点検口の落下による 下部通行人の死傷等 点検阻害	
※2	※2	応急	下部通行禁止 落下防止の固定
		短期	ずれ等の補修
	開閉不良があると、点 検にも支障のおそれ	中長期	点検口の取替
スピーカーのぐらつき	照明器具の脱落	懸垂物の落下による 下部通行人の死傷等	
		応急	下部通行禁止 落下防止の固定
		短期	傾斜、脱落等の補 修
		中長期	器具・支持材の取 替

劣化判定シート 2．落下等のおそれ （4）塀［CB 造、RC 造、ネットフェンス］			
判定		支障なし	経過観察
★★ 塀 （補強コンクリート ブロック(CB)造）	劣化状況	劣化状況なし 	内部鉄筋の腐食による錆汁
	注意事項		
塀 （鉄筋コンク リート造）	劣化状況	劣化状況なし 	コンクリートのき裂・白華*
	注意事項		
ネットフェンス	劣化状況	劣化状況なし 	フェンスの腐食（錆）
	注意事項		

*白華：p24 参照

劣化判定シート		
2．落下等のおそれ		
（4）塀［CB 造、RC 造、ネットフェンス］		
経過観察	要相談	支障と対応例	
CB のき裂	CB の損傷	塀の倒壊による 通行人の死傷等	
		応急	通行注意表示 高さにより周囲 通行禁止
^	^	短期	き裂、損傷等箇所 の補修
		中長期	補強又は撤去・新設
内部鉄筋の腐食による錆汁	コンクリートのはく落	塀の倒壊による 通行人の死傷等	
※3	※3	応急	通行注意表示 高さにより周囲 通行禁止
^	^	短期	き裂、はく落等箇所の補修
		中長期	補強又は撤去・新設
フェンスの傾斜	フェンスの損傷	フェンスの倒壊による 通行人の死傷等	
		応急	通行注意表示
^	^	短期	腐食（錆）、損傷 等箇所の補修
		中長期	補強又は撤去・新設

劣化判定シート 2．落下等のおそれ （5）擁壁、門扉			
擁壁	判定	支障なし	経過観察
	劣化状況	劣化状況なし	水抜きパイプのつまり
			※1
	注意事項		
門扉	判定	支障なし	経過観察
	作動状況	開閉不良はない	
	劣化状況	劣化状況なし	門扉基礎のき裂
		※1	
	注意事項		

劣化判定シート
2. 落下等のおそれ
（5）擁壁、門扉

要相談	要相談	支障と対応例	
擁壁のき裂	擁壁の傾斜	擁壁のき裂による耐力低下 擁壁の傾斜・水抜き不良による倒壊	
		応急	つまりの除去 周囲通行禁止
		短期	き裂等箇所の補修
		中長期	補強又は修繕、改修
経過観察	要相談	支障と対応例	
	開閉不良がある	門柱・門扉の傾斜による転倒 門扉の開閉不良による通行阻害等	
門扉の腐食（錆）	門柱の傾斜、き裂	応急	周囲通行禁止
	※1	短期	き裂、腐食（錆）等箇所の補修
		中長期	門扉の取替

劣化判定シート 3．通行等に支障のおそれ （1）内部床、屋内階段［各種床仕上げ］			
判定		支障なし	経過観察
★ 床仕上材 （ビニル床シート）	劣化状況	劣化状況なし 	ビニル床シートの汚損
	注意事項		
★ 床仕上材 （ビニル床タイル）	劣化状況	劣化状況なし 	ビニル床タイルのき裂
	注意事項		
★ 床仕上材 （タイル張り）	劣化状況	劣化状況なし 	タイルのき裂
	注意事項		

劣化判定シート
3．通行等に支障のおそれ
（1）内部床、屋内階段［各種床仕上げ］

経過観察	要相談	支障と対応例	
ビニル床シートの損傷	ビニル床シートのはく離	つまずき・転倒による 通行人の負傷等	
		応急	通行注意表示
		短期	損傷、はく離等箇所の補修
		中長期	ビニル床シートの張替等の修繕、改修
ビニル床タイルの欠損	ビニル床タイルの浮き・き裂	つまずき・転倒による 通行人の負傷等	
		応急	通行注意表示
		短期	浮き、き裂等箇所の補修
		中長期	ビニル床タイルの張替等（シートへの張替）の修繕、改修
タイルの損傷	タイルのはく離	つまずき・転倒による 通行人の負傷等	
		応急	通行注意表示
		短期	損傷、はく離等の補修
		中長期	タイルの張替等の修繕、改修

劣化判定シート
3. 通行等に支障のおそれ
（1）内部床、屋内階段 ［各種床仕上げ、階段滑り止め］

判定		支障なし	経過観察
★ 床仕上材 （タイルカーペット）	劣化状況	劣化状況なし 	タイルカーペットの浮き
	注意事項		
★ 二重床	劣化状況	劣化状況なし	
		※1	
	注意事項		
★ 階段滑り止め	劣化状況	劣化状況なし 	滑り止めのずれ
	注意事項		

劣化判定シート
3．通行等に支障のおそれ
（1）内部床、屋内階段［各種床仕上げ、階段滑り止め］

経過観察	要相談	支障と対応例	
タイルカーペットのずれ	タイルカーペットの欠損	つまずき・転倒による通行人の負傷等	
		応急	通行注意表示
		短期	浮き、ずれ等の補修 タイルカーペットの取替
		中長期	タイルカーペットの全面取替
二重床のずれ	二重床のがたつき※1	つまずき・転倒による通行人の負傷等	
		応急	通行注意表示
		短期	ずれ、がたつき等の補修
		中長期	二重床の高さ調整
滑り止めの外れ・浮き	滑り止めの外れ※1	つまずき、転倒・転落による通行人の死傷等	
		応急	通行注意表示又は通行禁止
		短期	外れ、浮き等箇所の補修
		中長期	滑り止めの取替

劣化判定シート
3. 通行等に支障のおそれ
(2) 扉 [扉、自動扉]

判定			支障なし	経過観察
★		作動状況	異音、開閉不良等はない	
扉		劣化状況	劣化状況なし	内部扉の摺り跡
		注意事項		
★		作動状況	異音、開閉不良等はない	
自動扉		劣化状況	劣化状況なし	枠の腐食（錆）・変形
		注意事項		

劣化判定シート
3．通行等に支障のおそれ
（2）扉 ［扉、自動扉］

経過観察	要相談	支障と対応例	
外部扉の腐食（錆）	異音、開閉不良等がある	扉の開閉不良による 通行阻害 扉への挟まれ等による 通行人の負傷等	
	扉の施錠不良		
	※3	応急	通行注意表示
		短期	建具金物の調整 腐食（錆）等箇所 の補修
		中長期	扉の取替
枠の変形	異音、開閉不良等がある	自動扉の開閉不良による 通行阻害 自動扉への挟まれ等による 通行人の負傷等	
	自動扉の閉鎖不良		
		応急	通行注意表示
		短期	腐食（錆）等箇所 の補修
		中長期	自動扉の取替

劣化判定シート 3．通行等に支障のおそれ （3）敷地内通路、駐車場［通路、スロープ、駐車場］			
判定		支障なし	経過観察
通路	劣化状況	劣化状況なし 	タイルの損傷
	注意事項		
スロープ	劣化状況	劣化状況なし 	手すりの腐食（錆）
	注意事項		
駐車場	劣化状況	劣化状況なし ※1	舗装のき裂
	注意事項		

劣化判定シート
3．通行等に支障のおそれ
（3）敷地内通路、駐車場［通路、スロープ、駐車場］

経過観察	要相談	支障と対応例	
通路の不陸（沈下）	通路の沈下・段差	つまずき・転倒による 通行人の負傷等	
		応急	通行注意表示
		短期	沈下、段差等箇所 の補修
		中長期	タイルの張替、段 差の解消等の修 繕、改修
スロープの損傷	スロープの段差	つまずき・転倒による 通行人の負傷等	
	※3	応急	通行注意表示
		短期	損傷、段差等箇所 の補修
		中長期	タイルの張替、段 差の解消等の修 繕、改修
舗装の不陸	舗装の陥没	車両の通行阻害等	
	※1	応急	通行注意表示
		短期	き裂、陥没等箇所 の補修
		中長期	舗装の修繕、改修

劣化判定シート
3. 通行等に支障のおそれ
（4）手すり［屋内階段、屋外階段、屋上・ベランダ・バルコニー］

判定		支障なし	経過観察
★ 屋内階段	劣化状況	劣化状況なし 	手すりの腐食（錆）
	注意事項		
★ 屋外階段	劣化状況	劣化状況なし 	塗装のはく落
	注意事項		
★ 屋上 ベランダ・ バルコニー	劣化状況	劣化状況なし 	手すりの腐食（錆）
	注意事項		

劣化判定シート 3．通行等に支障のおそれ （4）手すり［屋内階段、屋外階段、屋上・ベランダ・バルコニー］				
経過観察	要相談 || 要相談	支障と対応例	
手すりのがたつき		手すりの引き抜き	階段からの転落による 通行人の死傷等	
			応急	接近注意表示
			短期	がたつき、引き抜き等箇所の補修
			中長期	手すりの取替
手すりの腐食（錆）		手すりの損傷	階段からの転落による 通行人の死傷等	
		※1	応急	接近注意表示
			短期	腐食（錆）、損傷等箇所の補修
			中長期	手すりの取替
手すりの著しい腐食		手すりの腐食、ぐらつき	ベランダ・バルコニーからの転落による 住人・通行人の死傷等	
			応急	接近注意表示
			短期	腐食（錆）、ぐらつき等箇所の補修
			中長期	手すりの取替

劣化判定シート 3．通行等に支障のおそれ （5）内壁、幅木			
判定		支障なし	経過観察
内壁 （ボード）	劣化状況	劣化状況なし 	内壁の漏水痕
	注意事項		
内壁 （タイル、モルタル）	劣化状況	劣化状況なし 	モルタルの損傷
	注意事項		
幅木	劣化状況	劣化状況なし 	幅木のはく離
	注意事項		

劣化判定シート
3. 通行等に支障のおそれ
（5）内壁、幅木

経過観察	要相談	要相談	支障と対応例	
ボードのき裂	ボードの損傷	ボードの損傷等による 室内環境の悪化		
		応急	―	
		短期	き裂、損傷等箇所の補修	
		中長期	ボードの張替等の修繕、改修	
クロスのはく離	タイルの損傷、き裂	破片の落下等による 通行への支障		
		応急	接近注意表示	
		短期	損傷、き裂等箇所の補修	
		中長期	タイルの張替、モルタル塗替等の修繕、改修	
幅木の変色	幅木の損傷	幅木のはく離・損傷等による通行への障害		
		応急	はく離箇所の接着	
		短期	はく離、損傷等箇所の補修	
		中長期	幅木の張替	

劣化判定シート 4. 案内誘導等に支障のおそれ （1）案内表示			
判定		支障なし	経過観察
案内表示	劣化状況	劣化状況なし 	案内板の腐食（錆）
	注意事項		
案内表示	劣化状況	劣化状況なし 	案内板の損傷
	注意事項		

劣化判定シート		
4.案内誘導等に支障のおそれ		
（1）案内表示		
要相談	要相談	支障と対応例
案内板の傾斜	案内板の脱落	案内誘導の不備による視認不良、案内板の落下等による通行人の負傷等
		応急 / 下部・周囲通行禁止、代替表示による誘導
		短期 / 腐食（錆）等の補修
		中長期 / 表示の塗替 案内板の取替
身障者対応表示の劣化	案内板表示の劣化	案内誘導の不備による視認不良
	※1	応急 / 代替表示による誘導
		短期 / 表示や損傷等の補修
		中長期 / 表示の塗替 案内板の取替

劣化判定シート
4. 案内誘導等に支障のおそれ
（2）視覚障害者誘導用ブロック等［誘導用ブロック、点字表示］

判定		支障なし	経過観察
★ 外部通路	劣化状況	劣化状況なし 	誘導用ブロックの変色 ※3
	注意事項		
★ 内部床 屋内階段	劣化状況	劣化状況なし ※3	誘導用ブロックのき裂
	注意事項		
★ 点字表示	劣化状況	劣化状況なし	
		※1	
	注意事項		

劣化判定シート
4. 案内誘導等に支障のおそれ
(2) 視覚障害者誘導用ブロック等［誘導用ブロック、点字表示］

経過観察	要相談	支障と対応例	
誘導用ブロックのき裂	誘導用ブロックの欠損	誘導用ブロックの欠損等による視覚障害者にとっての通行困難	
	※1	応急	通行注意表示人的介助等の誘導措置
		短期	き裂、欠損等箇所の補修
		中長期	誘導用ブロックの張替
誘導用ブロックの損傷	誘導鋲の欠損	誘導用ブロックの欠損等による視覚障害者にとっての通行困難	
		応急	通行注意表示人的介助等の誘導措置
		短期	損傷、欠損等箇所の補修
		中長期	誘導用ブロックの張替
点字シールの軽微なはく離	点字シールの損傷	点字シールの損傷等による視覚障害者にとっての通行困難	
		応急	点字シールの張替
		短期	
		中長期	

劣化判定シート 4．案内誘導等に支障のおそれ （3）インターホン、トイレ等呼出装置			
	判定	支障なし	経過観察
	作動状況	通話不良等はない	
インターホン	劣化状況	劣化状況なし ※3	インターホンの腐食（錆）
	注意事項		
★★	判定	支障なし	経過観察
	作動状況	呼出不良等はない	
トイレ等呼出 装置	劣化状況	劣化状況なし 	呼出装置の変色
	注意事項		

劣化判定シート
4．案内誘導等に支障のおそれ
（3）インターホン、トイレ等呼出装置

要相談	即対応	支障と対応例	
通話不良等がある インターホンの損傷	障害物によるインターホンの通話困難	通話不良等による 案内誘導への支障	
		応急	障害物の撤去 通話不良等の 注意喚起表示
		短期	通話不良等の 補修
		中長期	インターホン の取替
経過観察	要相談（即対応）	支障と対応例	
	呼出不良等がある	呼出不良等による 緊急時の救助への支障	
配線カバーの損傷	呼出装置が作動しない	応急	呼出不良等の 注意喚起表示
		短期	呼出不良等の 補修
	人命に関わることなの で速やかに対応	中長期	呼出装置の取 替

劣化判定シート 5．非常時の避難等に支障のおそれ （1）防火扉、防火シャッター			
★★	判定	支障なし	要相談
防火扉	作動状況	閉鎖不良はない	閉鎖不良がある
	劣化状況	劣化状況なし	扉の変形
	注意事項		
★★	判定	支障なし	経過観察
防火シャッター	作動状況	閉鎖不良はない	
	劣化状況	劣化状況なし	シャッターの腐食（錆）
			※2
	注意事項		

劣化判定シート
５．非常時の避難等に支障のおそれ
（１）防火扉、防火シャッター

要相談	即対応	支障と対応例	
閉鎖不良がある	閉鎖不良がある	防火扉の閉鎖不良による火災拡大と避難への支障	
建具金物の損傷	扉の閉鎖障害物		
	※2	応急	障害物の撤去 物品等放置禁止の表示
		短期	建具金物の調整 変形等の補修
		中長期	扉の取替
要相談	即対応	支障と対応例	
閉鎖不良がある	閉鎖不良がある	防火シャッターの閉鎖不良による火災拡大と避難への支障	
シャッターレールの変形	シャッターの閉鎖障害物		
	※2	応急	障害物の撤去 物品等放置禁止の表示
		短期	腐食（錆）、変形等の補修
		中長期	シャッターの取替

劣化判定シート 5．非常時の避難等に支障のおそれ （2）防煙垂れ壁［固定式、可動式］				
★★	判定	支障なし		経過観察
防煙垂れ壁 （固定式）	劣化状況	劣化状況なし		防煙垂れ壁の損傷
		※2		※2
	注意事項			
★★	判定	支障なし		
	作動状況	作動不良はない		
防煙垂れ壁 （可動式）	劣化状況	劣化状況なし		
		※2		
	注意事項			手動閉鎖装置

劣化判定シート
5. 非常時の避難等に支障のおそれ
（2）防煙垂れ壁［固定式、可動式］

経過観察	要相談	支障と対応例	
防煙垂れ壁のき裂	防煙垂れ壁の誤った撤去	防煙垂れ壁の不備等による煙の拡散と避難への支障	
※2	※2	応急	ガラスのテーピング
		短期	損傷、き裂等箇所の補修、撤去箇所の復旧
	青枠部分に建築基準法上必要	中長期	防煙垂れ壁の取替
要相談	即対応	支障と対応例	
作動不良がある	障害物による手動閉鎖装置の操作困難	防煙垂れ壁の作動不良等による煙の拡散と避難への支障	
閉鎖しない	※2	応急	障害物の撤去 物品等放置禁止の表示
		短期	作動不良等の補修
		中長期	防煙垂れ壁の取替

劣化判定シート
５．非常時の避難等に支障のおそれ
（３）避難通路・避難出口、非常用進入口

★★	判定	支障なし	要相談
避難通路 避難出口	劣化状況	劣化状況なし ※2	屋外階段の腐食 ※2
	注意事項	整理された通路	

★★	判定	支障なし	要相談
非常用進入口	作動状況	開放不良はない	開放不良がある
	劣化状況	劣化状況なし ※2	十分に開放しない
	注意事項		

劣化判定シート
５．非常時の避難等に支障のおそれ
（３）避難通路・避難出口、非常用進入口

即対応		支障と対応例	
障害物による階段の 通行困難	障害物による避難出口 付近の通行困難	階段の腐食、障害物等に よる避難への支障	
※2	※2	応急	障害物の撤去 物品等放置禁止 の表示
		短期	腐食等の補修
		中長期	避難階段等の修 繕、改修

即対応		支障と対応例	
進入口周りの障害物による消防隊の進入困難		消防隊進入の障害による 火災拡大	
	※2	応急	障害物の撤去 物品等放置禁止 の表示
		短期	開放不良等の補 修
		中長期	建具の取替

劣化判定シート 5. 非常時の避難等に支障のおそれ （4）自動火災報知設備、屋内消火栓・屋外消火栓・連結送水口				
★★	判定	支障なし		経過観察
	作動状況	点灯不良、作動不良等はない		
自動火災 報知設備 （自火報）	劣化状況	劣化状況なし		外板の腐食（錆）
	注意事項			
★★	判定	支障なし		経過観察
	作動状況	作動不良等はない		
屋内消火栓 屋外消火栓 連結送水口	劣化状況	劣化状況なし		消火栓箱の腐食（錆）
	注意事項			

劣化判定シート
5. 非常時の避難等に支障のおそれ
（4）自動火災報知設備、屋内消火栓・屋外消火栓・連結送水口

要相談	即対応	支障と対応例	
点灯不良、作動不良等がある	障害物による自火報の	火災発生通報の遅れによる	
表示灯の点灯不良	操作困難	火災拡大	
		応急	表示灯の電球交換 障害物の撤去
		短期	腐食（錆）等の補修
		中長期	設備の更新等の修繕、改修
要相談	即対応	支障と対応例	
作動不良等がある	障害物による連結送水	消火への支障による	
消火栓箱の腐食	口への接近困難	火災拡大	
		応急	障害物の撤去
		短期	腐食（錆）等の補修
		中長期	設備の更新等の修繕、改修

劣化判定シート 5. 非常時の避難等に支障のおそれ （5）非常用照明、誘導灯				
★★	判定	支障なし		経過観察
	作動状況	点灯不良等はない		
非常用照明	劣化状況	劣化状況なし		照明器具のがたつき
		※2		
	注意事項			
★★	判定	支障なし		経過観察
	作動状況	点灯不良、視認不良等はない		
避難口誘導灯 通路誘導灯	劣化状況	劣化状況なし		誘導灯の変色
	注意事項	この事例はやや変色あり		

劣化判定シート
5. 非常時の避難等に支障のおそれ
（5）非常用照明、誘導灯

経過観察	要相談	支障と対応例	
	点灯不良等がある	照明の不点灯等による	
照明器具の変色	電球の不装着	停電時の避難への支障	
	※3	応急	電球の装着、交換バッテリーの交換
		短期	がたつき等の補修
	器具の劣化、内蔵のバッテリー切れにも注意	中長期	照明器具の取替蛍光灯はLEDへ改修
要相談	即対応	支障と対応例	
点灯不良、視認不良等がある	障害物による	誘導灯の視認不良等による	
誘導灯の変色	誘導灯の視認不良	避難への支障	
※2	※2	応急	障害物の撤去
		短期	変色等の補修カバーの取替
		中長期	蛍光灯はLED誘導灯へ改修

劣化判定シート 5. 非常時の避難等に支障のおそれ （6）排煙口・排煙窓、排煙機			
★★	判定	支障なし	経過観察
排煙口・排煙窓 （自然排煙）	作動状況	開閉不良はない	
	劣化状況	劣化状況なし 	手動開放装置の変形
	注意事項		
★★	判定	支障なし	
排煙機 （機械排煙）	作動状況	作動不良はない	
	劣化状況	劣化状況なし ※2	
	注意事項	排煙口	手動開放装置

劣化判定シート

5. 非常時の避難等に支障のおそれ
（6）排煙口・排煙窓、排煙機

要相談	即対応	支障と対応例	
開閉不良がある	障害物による手動開放装置の操作困難	火災発生時の排煙不良による避難への支障	
手動開放装置の損傷			
	※2	応急	障害物の撤去
		短期	変形、損傷等の補修
ワイヤー切れや窓の固着による開閉不良もあり	掲示物で隠蔽	中長期	手動開放装置の取替等の修繕、改修
経過観察	要相談	支障と対応例	
	作動不良がある	火災発生時の排煙不良による避難への支障	
排煙機の腐食（錆）			
	排煙口が開放しない 排煙機が作動しない	応急	（手動開放装置前に障害物がある場合）障害物の撤去
		短期	作動不良等の補修
		中長期	機器の取替等の修繕、改修

劣化判定シート 6. 停電・感電のおそれ （1）受変電設備、太陽光発電装置			
★★	判定	支障なし	経過観察
受変電設備	作動状況	異音、異臭等はない	
受変電設備	劣化状況	劣化状況なし 	外板の腐食（錆）
受変電設備	注意事項		
太陽光発電装置	判定	支障なし	経過観察
太陽光発電装置	作動状況	発電不良等はない	
太陽光発電装置	劣化状況	劣化状況なし 	発電装置の汚損 鳥のフン等による汚損がある
太陽光発電装置	注意事項		

劣化判定シート
6. 停電・感電のおそれ
（1）受変電設備、太陽光発電装置

要相談（即対応）	即対応	支障と対応例	
異音、異臭等がある	電気室内の可燃物による火災のおそれ	受変電設備の不具合による停電	
機器から異音、異臭がある		応急	異音、異臭等は専門業者に連絡　可燃物の撤去
		短期	腐食（錆）等の補修
速やかに専門業者等に連絡		中長期	機器の更新等の修繕、改修
経過観察	要相談	支障と対応例	
	発電不良等がある	発電装置の不具合による発電不良	
発電装置の変色	発電装置の損傷	応急	汚損が著しい場合、パネル面の清掃
		短期	損傷等箇所の補修
		中長期	機器の更新等の修繕、改修

劣化判定シート 6. 停電・感電のおそれ （2）分電盤、コンセント				
	判定	支障なし		経過観察
	作動状況	異臭、発熱等はない		
分電盤	劣化状況	劣化状況なし		盤の腐食（錆）
	注意事項			
	判定	支障なし		経過観察
	作動状況	通電不良等はない		
コンセント	劣化状況	劣化状況なし		外部コンセントの損傷
	注意事項			

劣化判定シート
6. 停電・感電のおそれ
（2）分電盤、コンセント

要相談	要相談	支障と対応例	
	異臭、発熱等がある	分電盤の腐食等による通電不良、停電、漏電、感電等	
盤の腐食	盤の腐食、変色		
		応急	異臭、発熱等は専門業者に連絡
		短期	腐食等箇所の補修
		中長期	盤の更新等の修繕、改修
経過観察	要相談（即対応）	支障と対応例	
	通電不良等がある	コンセントの損傷等による通電不良、停電、漏電、感電等	
コンセントカバーの腐食（錆）	コンセントの損傷		
	※3	応急	使用禁止等措置とともに、専門業者に連絡
		短期	損傷、腐食（錆）等箇所の補修
		中長期	コンセントの取替等の修繕、改修

劣化判定シート 6. 停電・感電のおそれ （3）照明器具（屋内、屋外）				
★	判定	支障なし		経過観察
照明器具 （屋内）	作動状況	点灯不良等はない		
	劣化状況	劣化状況なし		照度の低下
	注意事項			
照明器具 （屋外）	判定	支障なし		経過観察
	作動状況	点灯不良等はない		
	劣化状況	劣化状況なし		照明器具の変形
	注意事項			

劣化判定シート		
6. 停電・感電のおそれ		
（3）照明器具（屋内、屋外）		
経過観察	要相談	支障と対応例	
	点灯不良等がある	点灯不良等による 照度の低下、停電等	
照明器具の腐食（錆）	照明器具の損傷		
	※3	応急	電球の取替
			短期	腐食（錆）等の補修
			中長期	器具の取替等の修繕、改修 蛍光灯はLEDへ改修
経過観察	要相談	支障と対応例	
	点灯不良等がある	点灯不良等による 照度の低下、停電等	
照明器具の変色	屋外照明器具の外れ		
		応急	電球の取替
			短期	変形等の補修
			中長期	器具の取替等の修繕、改修 蛍光灯はLEDへ改修

劣化判定シート
6. 停電・感電のおそれ
（4）外灯、構内配電線路

	判定	支障なし	経過観察
外灯	作動状況	点灯不良等はない	
	劣化状況	劣化状況なし	外灯の塗装はく離、腐食（錆）
	注意事項		
構内配電線路	判定	支障なし	経過観察
	作動状況	発熱等はない	
	劣化状況	劣化状況なし	ボックスの腐食（錆）
		※3	
	注意事項		

劣化判定シート 6. 停電・感電のおそれ （4）外灯、構内配電線路				
経過観察	要相談	支障と対応例		
外灯の傾斜	点灯不良等がある	停電、外灯の倒れによる 通行人の負傷等		
	アンカーボルトの損傷			
		応急	電球の取替 接近注意表示	
		短期	傾き、損傷等の補修	
		中長期	外灯の取替等の 修繕、改修 蛍光灯はLEDへ 改修	
経過観察	要相談	支障と対応例		
ボックスの腐食（錆）	発熱等がある	配電ボックスの腐食等に よる停電、漏電等		
	ボックスの腐食			
		応急	使用停止	
		短期	腐食（錆）等の補修	
		中長期	設備の更新等の 修繕、改修	

劣化判定シート 6. 停電・感電のおそれ （5）自家発電装置、直流電源装置			
★★	判定	支障なし	経過観察
自家発電装置	作動状況	起動不良、水漏れ、油漏れ等はない	
	劣化状況	劣化状況なし 	自家発電装置の腐食（錆）
	注意事項		
直流電源装置 （蓄電池）	判定	支障なし	支障なし
	作動状況	液漏れ等はない	
	劣化状況	劣化状況なし 	劣化状況なし
	注意事項		左の盤の内部

劣化判定シート
6. 停電・感電のおそれ
（5）自家発電装置、直流電源装置

要相談（即対応）	即対応	支障と対応例	
起動不良、水漏れ、油漏れ等がある	油タンクの近傍の可燃物による火災のおそれ	起動不良による商用電源停電時の電力供給途絶等	
煙道の漏水痕			
		応急	起動不良は専門業者に連絡 可燃物の撤去
		短期	腐食（錆）、水漏れ、油漏れ等の補修
		中長期	装置の取替等の修繕、改修
経過観察	要相談	支障と対応例	
	液漏れ等がある	不良による商用電源停電時の電力供給途絶等	
蓄電池の腐食	蓄電池電解液の液漏れ		
		応急	液漏れ等は専門業者に連絡
		短期	装置の取替等の修繕、改修
		中長期	

劣化判定シート 7. 室内環境に支障のおそれ （1）熱源機器、空気調和設備、ダクト ［熱源機器、空気調和設備］				
★★	判定	支障なし		経過観察
熱源機器 （冷凍機、冷却 塔、ボイラー等）	作動状況	異音、異臭、異常振 動、作動不良等はない		
	劣化状況	劣化状況なし		冷却塔の腐食（錆）
	注意事項	吸収冷温水機		
★★	判定	支障なし		経過観察
空気調和設備 （空調機）	作動状況	異音、異臭、異常振 動、作動不良等はない		
	劣化状況	劣化状況なし		空調機の腐食（錆）
	注意事項			

劣化判定シート
7. 室内環境に支障のおそれ
（1）熱源機器、空気調和設備、ダクト［熱源機器、空気調和設備］

要相談	要相談	支障と対応例	
	異音、異臭、異常振動、作動不良等がある	機器の作動不良等による室内空気環境の悪化	
吸収冷温水機の腐食（錆）	冷却塔の不良		
		応急	運転停止
		短期	作動不良、腐食（錆）等の補修
		中長期	機器の更新等の修繕、改修
経過観察	要相談	支障と対応例	
	異音、異臭、異常振動、作動不良等がある	機器の作動不良等による室内空気環境の悪化	
フィルターの汚損	空調機箱内の不良		
		応急	運転停止
		短期	作動不良、腐食（錆）等の補修
		中長期	機器の更新等の修繕、改修

劣化判定シート 7. 室内環境に支障のおそれ （1）熱源機器、空気調和設備、ダクト ［空気調和設備、ダクト］				
★★	判定	支障なし		経過観察
空気調和設備 （屋外機、ファン コイルユニット）	作動状況	異音、異臭、異常振動、作動不良等はない		
	劣化状況	劣化状況なし		天井付ファンコイルユニットの変色
	注意事項	パッケージ形空調機		
ダクト	判定	支障なし		経過観察
	作動状況	異音、異臭、異常振動、空気の漏れ等はない		
	劣化状況	劣化状況なし		ダクト付近の可燃物
	注意事項			

劣化判定シート
7．室内環境に支障のおそれ
（1）熱源機器、空気調和設備、ダクト ［空気調和設備、ダクト］

要相談		支障と対応例	
異音、異臭、異常振動、作動不良等がある		機器の作動不良等による室内空気環境の悪化 固定の不備による地震等による機器の倒れ	
屋外機の基礎固定なし	屋外機の腐食		
		応急	運転停止
		短期	腐食等の補修 基礎への固定
		中長期	機器の更新等の修繕、改修
要相談		支障と対応例	
異音、異臭、異常振動、空気の漏れ等がある		ダクトの漏気等による室内空気環境の悪化	
ダクトの損傷	ダクトの漏気		
		応急	運転停止
		短期	損傷、漏気等の補修
		中長期	ダクトの更新等の修繕、改修

劣化判定シート 7. 室内環境に支障のおそれ （2）換気設備				
★★	判定	支障なし		経過観察
	作動状況	異音、異臭、異常振動、作動不良等はない		
換気設備 （送風機）	劣化状況	劣化状況なし		送風機の腐食（錆）
	注意事項			
★★	判定	支障なし		要相談
	作動状況	異音、作動不良等はない		
換気設備 （換気扇等）	劣化状況	劣化状況なし		排気口、給気口の腐食（錆）
		※1		
	注意事項			

劣化判定シート
7. 室内環境に支障のおそれ
（2）換気設備

経過観察	要相談	支障と対応例	
	異音、異臭、異常振動、作動不良等がある	機器の作動不良等による室内空気環境の悪化	
送風機内部の腐食（錆）	送風機類の損傷		
		応急	運転停止
		短期	腐食（錆）、損傷等の補修
		中長期	機器の更新等の修繕、改修
要相談	即対応	支障と対応例	
	異音、作動不良等がある	機器の作動不良等による室内空気環境の悪化	
換気口の粉塵等による閉塞	換気扇前の障害物		
		応急	換気口の清掃 障害物の撤去
		短期	腐食（錆）等の補修
	ブラインドによる閉塞	中長期	機器の更新等の修繕、改修

劣化判定シート 8. 衛生環境に支障のおそれ （1）給排水設備、給排水配管				
★★	判定	支障なし		経過観察
	作動状況	水漏れ、濁り水、 赤水等はない		
給排水設備	劣化状況	劣化状況なし		受水タンクの腐食（錆）
		※1		
	注意事項			
★★	判定	支障なし		経過観察
	作動状況	水漏れ、濁り水、 赤水等はない		
給排水配管	劣化状況	劣化状況なし		配管の保温材のはく離
		※3		
	注意事項			

劣化判定シート
8. 衛生環境に支障のおそれ
（1）給排水設備、給排水配管

要相談		支障と対応例	
水漏れ、濁り水、赤水等がある		給排水の不良による 衛生環境の悪化	
排水の不良	給水の変色		
※3	※3	応急	使用禁止
		短期	機器の腐食（錆） 等の補修、給排水 配管の補修
		中長期	機器・配管の更新 等の修繕、改修
要相談		支障と対応例	
水漏れ、濁り水、赤水等がある		給排水の不良による 衛生環境の悪化	
排水管の腐食（錆）	給水配管の漏水		
	※1	応急	使用禁止
		短期	漏水、腐食（錆） 等の補修
		中長期	配管の更新等の 修繕、改修

劣化判定シート 8. 衛生環境に支障のおそれ （2）衛生器具、ガス湯沸器			
★	判定	支障なし	経過観察
衛生器具	作動状況	給排水不良等はない	
	劣化状況	劣化状況なし	掃除用流しのき裂、排水口の腐食（錆）
	注意事項		
★★	判定	支障なし	経過観察
ガス湯沸器	作動状況	作動不良、異音、異臭、ガス臭等はない	
	劣化状況	劣化状況なし	機器の腐食（錆）
	注意事項		

劣化判定シート
8. 衛生環境に支障のおそれ
（2）衛生器具、ガス湯沸器

要相談	要相談	支障と対応例	
給排水不良等がある		給排水の不良や 器具のき裂等による 衛生環境の悪化	
小便器の排水不良	和式便器		
		応急	使用禁止
		短期	排水管の清掃 腐食（錆）等の補修
		中長期	衛生器具・配管の 更新等の修繕、改修
	洋式便器化の検討*1		
要相談（即対応）	即対応	支障と対応例	
作動不良、異音、異臭、ガス臭等がある	ガス臭がある*2	給湯の不良、ガス漏れによる火災・爆発	
機器の腐食	使用期限切れ		
		応急	使用禁止 ガス臭の場合は ガス栓を閉止し、 退避とともにガス事業者に連絡
		短期	検査の依頼
	検査期間の表示例	中長期	機器・ガス管の更新等の修繕、改修

*1：生活様式の変化や高齢者の増加に伴い、和式便器の使用に困難を伴う人が増えているため、公共施設では、洋式便器への改修を進めることが望ましい。

*2：都市ガスは上部に、プロパンガスは下部にたまる。

劣化判定シート 9. 業務実施等に支障のおそれ （1）拡声装置、テレビ共同受信設備			
	判定	支障なし	経過観察
	作動状況	作動不良、雑音等はない	
拡声装置 （スピーカー）	劣化状況	劣化状況なし	天井付スピーカーのぐらつき
	注意事項		
	判定	支障なし	経過観察
	作動状況	作動不良、画像の乱れ 等はない	
テレビ共同 受信設備 （アンテナ）	劣化状況	劣化状況なし	アンテナの腐食（錆）
	注意事項		

劣化判定シート
9．業務実施等に支障のおそれ
（1）拡声装置、テレビ共同受信設備

経過観察	要相談	支障と対応例	
	作動不良、雑音等がある	作動不良等による放送による周知への支障	
天井付スピーカーのずれ、汚損	壁付スピーカーの脱落		
		応急	下部通行禁止
		短期	汚損、脱落等の補修
		中長期	機器の取替等の修繕、改修
経過観察	即対応	支障と対応例	
	作動不良、画像の乱れ等がある	アンテナの損傷等によるTVの受信障害	
アンテナの腐食（錆）	アンテナの損傷		
		応急	―
		短期	腐食（錆）、損傷等の補修
		中長期	機器の取替等の修繕、改修

		劣化判定シート 9. 業務実施等に支障のおそれ （2）端子盤、監視カメラ		
端子盤	判定	支障なし		経過観察
	作動状況	異音、異臭、 発熱等はない		
	劣化状況	劣化状況なし		盤外部の腐食（錆）
	注意事項			
監視カメラ	判定	支障なし		経過観察
	作動状況	異音、異臭、発熱、作 動不良、モニターの画 像不良等はない		
	劣化状況	劣化状況なし		塗装のはく離
		※1		
	注意事項			

劣化判定シート
9. 業務実施等に支障のおそれ
（2）端子盤、監視カメラ

経過観察	要相談	支障と対応例	
	異音、異臭、発熱等がある	端子盤の腐食（錆）等による通信不良等	
盤内部の腐食（錆）	盤の腐食（錆）		
		応急	―
		短期	腐食（錆）等の補修
		中長期	機器の取替等の修繕、改修
経過観察	要相談	支障と対応例	
	異音、異臭、発熱、作動不良、モニターの画像不良等がある	作動不良等による警備への影響等	
カメラの腐食（錆）	カメラの腐食（錆）		
		応急	―
		短期	作動不良、腐食（錆）等の補修
		中長期	機器の取替等の修繕、改修

劣化判定シート 10.誤作動による事故のおそれ （1）エレベーター、エスカレーター			
★★	判定	支障なし	経過観察
	作動状況	異音、作動不良等はない	
エレベーター	劣化状況	劣化状況なし 	かご床の段差（小）
	注意事項	機械室内巻上機	
★★	判定	支障なし	
	作動状況	異音、作動不良等はない	
エスカレーター	劣化状況	劣化状況なし 	
	注意事項		挟まれ防止装置

劣化判定シート
10. 誤作動による事故のおそれ
（1）エレベーター、エスカレーター

要相談（即対応）		支障と対応例	
異音、作動不良等がある		作動不良による挟まれや転落等の人身事故	
かご床の段差（大）	走行中の異音、誤作動などがある		
		応急	使用禁止措置とともに、専門業者に連絡
		短期	作動不良等の補修
		中長期	機器の更新等の修繕、改修

支障なし	要相談（即対応）	支障と対応例	
異音、作動不良等はない	異音、作動不良等がある	作動不良による転落や挟まれ防止装置の不備による挟まれ等の人身事故	
劣化状況なし	走行中の異音・異常などがある		
		応急	使用禁止措置とともに、専門業者に連絡
		短期	作動不良等の補修
非常停止ボタン		中長期	機器の更新等の修繕、改修

劣化判定シート 10．誤作動による事故のおそれ （2）小荷物専用昇降機			
★★	判定	支障なし	経過観察
小荷物専用 昇降機	作動状況	異音、作動不良等はない	
	劣化状況	劣化状況なし 	扉の腐食（錆）
	注意事項		

劣化判定シート
10. 誤作動による事故のおそれ
（2）小荷物専用昇降機

要相談（即対応）	即対応	支障と対応例	
異音、作動不良等がある		作動不良による挟まれや転落等の人身事故	
扉の変形、隙間	昇降機前に障害物		
		応急	使用禁止措置とともに、専門業者に連絡 障害物の撤去
		短期	作動不良等の補修
走行中の異音、誤作動などがある		中長期	機器の更新等の修繕、改修

劣化判定シート 11. 耐震性・耐久性に支障のおそれ （1）構造部材（木造）			
判定		支障なし	経過観察
★★ 基礎・土台	劣化状況	劣化状況なし	基礎のき裂
	注意事項		
★★ 柱 緊結金物	劣化状況	劣化状況なし	緊結金物の腐食（錆）
	注意事項		
★★ 梁 緊結金物	劣化状況	劣化状況なし	接合部木材の割れ
	注意事項		

劣化判定シート
11．耐震性・耐久性に支障のおそれ
（1）構造部材（木造）

経過観察	要相談	支障と対応例	
土台の損傷	土台の腐朽・蟻害	基礎・土台の損傷・腐朽等による耐力低下	
		応急	—
		短期	防蟻処理 損傷、腐朽等箇所の補修
		中長期	部材の補強・取替等の修繕、改修
緊結金物の腐食（錆）	緊結金物の腐食（錆）・緩み	緊結金物の腐食（錆）等による耐力低下	
		応急	—
		短期	腐食（錆）、緩み等箇所の補修、緊結金物の補強
		中長期	柱の補強、緊結金物の取替等の修繕、改修
緊結金物の腐食（錆）	緊結金物の腐食（錆）	緊結金物の腐食（錆）等による耐力低下	
		応急	—
		短期	腐食（錆）等箇所の補修、緊結金物の補強
		中長期	柱の補強、緊結金物の取替等の修繕、改修

劣化判定シート 11. 耐震性・耐久性に支障のおそれ （2）構造部材（鉄骨造）			
判定		**支障なし**	**経過観察**
★★ 基礎	劣化状況	劣化状況なし 	鉄骨柱脚部の腐食（錆）
	注意事項		
★★ 柱、梁、 耐火被覆	劣化状況	劣化状況なし 	梁の腐食（錆）
	注意事項		
★★ 接合部	劣化状況	劣化状況なし 	接合部の腐食（錆）
	注意事項		

劣化判定シート 11. 耐震性・耐久性に支障のおそれ （2）構造部材（鉄骨造）			
経過観察	要相談	要相談	支障と対応例
鉄骨柱脚部の腐食（錆）	基礎の損傷、腐食（錆）	基礎・柱脚部の損傷・腐食 （錆）等による耐力低下	
		応急	—
		短期	損傷、腐食（錆） 等箇所の補修
		中長期	基礎、柱脚部の補強
柱の腐食（錆）	梁の耐火被覆のはく落	柱・梁の腐食（錆）等 による耐力低下	
		応急	—
		短期	腐食（錆）、耐火 被覆のはく落等 箇所の補修
	耐火被覆のはく落によ る耐火性低下	中長期	柱、梁の補強
接合部の腐食（錆）	接合部の緩み	接合部の腐食（錆）等 による耐力低下	
		応急	—
		短期	腐食（錆）、緩み 等箇所の補修
		中長期	接合部の補強

劣化判定シート
11．耐震性・耐久性に支障のおそれ
（3）構造部材（鉄筋コンクリート造）

判定		支障なし	経過観察
★★ 基礎	劣化状況	劣化状況なし 	基礎のき裂
	注意事項		
★★ 柱、梁	劣化状況	劣化状況なし 	壁のき裂と鉄筋の錆汁
	注意事項		
★★ 壁、床	劣化状況	劣化状況なし 	内部の漏水痕
	注意事項		

| | 劣化判定シート
11. 耐震性・耐久性に支障のおそれ
（3）構造部材（鉄筋コンクリート造） | | | |

経過観察	要相談	支障と対応例	
基礎周辺の沈下	基礎のき裂	基礎のき裂等による 耐力低下	
		応急	―
		短期	き裂等箇所の補修
		中長期	基礎部材の補強
コンクリートの白華*1	コンクリートの爆裂*2	コンクリートのき裂・ 鉄筋の腐食による耐力低下	
		応急	下部通行禁止
		短期	き裂、爆裂等箇所の補修
	コンクリート片の落下 のおそれもあり	中長期	柱、梁の補強
コンクリートのき裂	コンクリートの爆裂*2	コンクリートのき裂・ 鉄筋の腐食による耐力低下	
		応急	下部通行禁止
		短期	き裂、爆裂等箇所の補修
	コンクリート片の落下 のおそれもあり	中長期	壁、床の補強

*1 白華：p24 参照

*2 爆裂：コンクリート内部の鉄筋が腐食して膨張し、コンクリートのはく落を生じさせる現象。

劣化判定シート 12. 点検・清掃等に支障のおそれ 丸環、タラップ				
判定		支障なし	経過観察	要相談
丸環	劣化状況	劣化状況なし	丸環の腐食（錆）	
	注意事項	外壁、外部建具の点検・清掃等の際に使用		
タラップ	劣化状況	劣化状況なし	タラップの腐食（錆）	
	注意事項	屋上の点検・清掃等の際に使用		

劣化判定シート
12. 点検・清掃等に支障のおそれ
丸環、タラップ

要相談		支障と対応例	
丸環取付部のき裂	丸環の変形	丸環やその取付部の耐力低下による点検・清掃時の転落	
		応急	使用禁止
		短期	き裂、腐食（錆）等箇所の補修
		中長期	丸環の取替等の修繕、改修
タラップの変形	タラップ取付部のき裂	タラップの耐力低下による昇降時の転落	
		応急	使用禁止
		短期	変形、き裂等箇所の補修
		中長期	タラップの取替等の修繕、改修

施設管理者のための
建築物の簡易な劣化判定ハンドブック
令和5年版　第Ⅱ編　劣化判定シート

令和5年11月1日　第1版第1刷発行

検印省略

定価 1,980 円（本体 1,800 円 + 税 10％）
送料実費

編　集　一般財団法人　建築保全センター
発　行　〒 104 - 0033
　　　　東京都中央区新川 1 - 24 - 8
　　　　電　話　03（3553）0070
　　　　Ｆ Ａ Ｘ　03（3553）6767
　　　　https://www.bmmc.or.jp/

ⓒ一般財団法人　建築保全センター　2023　　印刷　株式会社 報 光 社
ISBN978-4-907762-68-1